AUSTRALIAN PROGRESS
MELBOURNE

2. veränderte Auflage 1983

06088306 · ISBN 3-551-53011-4 · Bestellnummer 53011

Jan und Antje im Hafen

Ein Foto-Bilderbuch von Hans-Günter Kiesel
Text von Ilse Strasmann

Carlsen Verlag

„Dürfen wir den Pudding aufessen?“ fragt Jan.
„Ja, wenn ihr das schafft!“
„Na klar!“ sagt Antje. „Pudding eß ich am liebsten!“
Aber sie schaffen es doch nicht ganz.

„Jetzt bin ich aber müde! Ich will schlafen!“ ruft Antje und klettert in die Hängematte.
„Ich auch“, meint Jan und klettert hinterher.
Sie haben beide Platz darin. Natürlich schlafen sie nicht.
Sie spielen „Hafenrundfahrt“ mit ihren Kasperlepuppen.

Die Hexe fällt auf den Rasen.
„Mann über Bord!“ ruft Jan.
„Frau über Bord!“ ruft Antje.

Antje und Jan fahren auch gern richtig mit dem Schiff. Sie sind oft im Hafen, denn ihre Väter arbeiten beide in einer Reederei.

Eine Reederei ist ein Schiffahrtsunternehmen. Zu dieser Reederei gehören viele Schiffe, die Fahrgäste befördern.

Antje und Jan kennen den Hafen bei jedem Wetter und zu jeder Jahreszeit.

So viel Eis haben sie im Winter auf dem Wasser schwimmen sehen!

Aber nicht immer ist im Winter Eis im Wasser. Meistens ist das Wasser Wasser. Und doch sieht alles ein bißchen märchenhaft aus im Winter. Vielleicht, weil die Büsche am Ufer voller Rauhreif sind? Oder einfach, weil die Sonne früher untergeht?

Im Frühling roch es dann anders im Hafen, und die Möwen kreischten lauter.

Einmal haben die Kinder an den Landungsbrücken Enten gefüttert. Wie kamen die hierher, mitten in die große Stadt? Waren sie auf der Durchreise?

An dem Tag war schlechte Sicht. Man hörte Nebelhörner. Damit geben die Schiffe Warnsignale, damit sie sich nicht gegenseitig rammen. Sie müssen sich den Weg freihalten, denn Schiffe brauchen viel Platz. Sie können nicht so schnell bremsen und ausweichen wie Autos.

Jetzt ist Mai, die Luft ist milde. Jan und Antje dürfen wieder eine Hafenrundfahrt machen. Sie sind rechtzeitig an den Landungsbrücken.

Antje klettert auf einen Poller. Poller sind dicke Pfosten aus Eisen, an denen die Schiffe festmachen.

„Du, das ist gefährlich, komm da man lieber runter", sagt ein Mann. Antje springt herab.

Jetzt sind sie unterwegs. Die Landungsbrücken bleiben hinter ihnen zurück. Ihr Schiff heißt „Finkenwerder". Die Sonne ist durchgekommen, eine warme Brise weht –
es ist ein herrlicher Tag!
Über Lautsprecher begrüßt ein Mann die Fahrgäste.
„Guten Tag, meine Damen und Herren, willkommen an Bord! Ich bin ‚He lücht', und ich möchte Ihnen alles erklären, was Sie auf unserer großen Hafenrundfahrt sehen…"
Die Leute lachen, und Antje weiß auch, warum: „He lücht" ist plattdeutsch und heißt „Er lügt". Diesen Spitznamen haben die Hamburger den Hafenerklärern gegeben, weil sie gern ein bißchen übertreiben.

Das Schiff fährt unter
einer hohen, schlanken
Brücke durch.

„Das ist die berühmte
Köhlbrandbrücke“, sagt
der Hafenerklärer.

„Wieso ist die Brücke
berühmt?“ fragt Antje Jan.
Jan weiß es nicht.
„Frag ihn doch mal!“
sagt Antje. Und Jan fragt.

„Die Brücke ist sehr hoch und
sehr lang“, antwortet ihm „He
lücht“. „Vor allem aber ist
die Köhlbrandbrücke schön –
findest du nicht?“

Jan ist beeindruckt. Ja, die
Brücke ist schön, das kann er
jetzt auch sehen.

Sie kommen an einem mächtigen Bauwerk auf sechs Beinen vorbei. „Das ist eine Bohrinsel", sagt der Hafenerklärer. „Die Schlepper sollen sie in die Nordsee bringen. Dort wird im Meeresboden nach Öl gebohrt."
Antje lacht, Jan sieht den Hafenerklärer kritisch an. „Das kann doch nicht stimmen", denken beide. „So ein Ungetüm kann man gar nicht aufs Meer schleppen."

„He lücht" beugt sich zu ihnen herunter. „Ich sehe schon, ihr glaubt mir nicht", sagt er. „Aber diesmal stimmt es! Seht ihr nicht, daß die Bohrinsel bewegt wird?"

Tatsächlich, jetzt sehen die Kinder es auch: die Schlepper ziehen die Bohrinsel langsam von der Stelle.

Die „Finkenwerder" fährt langsam am Heck eines großen Schiffes vorbei. Das Schiff liegt nicht im Wasser, es liegt auch nicht an Land: es liegt im Dock.

Dies ist ein Schwimmdock. So ein Dock liegt im Wasser, bis ein Schiff, das repariert werden soll, hineingefahren ist. Dann werden die Hohlräume in den Wänden leergepumpt. Die Luft in den Hohlräumen trägt das Dock, wie Schwimmflügel einen Menschen im Wasser tragen. Das Dock schwimmt mitsamt dem Schiff. Nun liegt das Schiff also trocken und kann repariert werden.

Es ist viel Betrieb im Hafen. Barkassen fahren hin und her. Frachtschiffe liegen am Kai und werden beladen und entladen. Das Entladen nennt man löschen.

„He lücht“ zeigt den Fahrgästen einen Schwimmkran. Antje findet, daß er wie ein Dinosaurier aussieht: einer von denen mit dem langen Hals und dem kleinen Kopf.

Und dann sind sie wieder an den Landungsbrücken.
Die Hafenrundfahrt ist zu Ende.

„Oh! Sind wir schon zurück? Schade!“ sagt Jan.

„Das war Klasse!“ sagt Antje. „Und übermorgen sind wir schon wieder hier. Wir dürfen doch die ‚Prinz Hamlet‘ besichtigen!“

Die „Prinz Hamlet“ ist ein großes Schiff, das jeden zweiten Tag nach England fährt.
Beim „Hafengeburtstag“ im letzten Jahr haben die Kinder

die „Prinz Hamlet“ schon einmal von weitem gesehen.
Zusammen mit vielen anderen Schiffen
lief sie den Hafen an.

Heute sind die Kinder auf der „Prinz Hamlet". Sie besuchen den Kapitän auf der Brücke.
So heißt der Steuerraum. Der Kapitän erklärt den Kindern, was sie wissen wollen. Sie dürfen sogar die Hebel betätigen. Jan möchte mit dem Maschinenraum telefonieren.
„Dann brauche ich aber die Kapitänsmütze", sagt er. Der Kapitän lacht und gibt sie ihm.

Und nun dürfen die Kinder bei einem richtigen Bootsmanöver mitmachen. Ein Bootsmanöver ist eine Übung. Die Besatzung der „Prinz Hamlet“ muß regelmäßig üben, Rettungsboote zu Wasser zu lassen. Sie übt das, damit im Ernstfall jeder weiß, was er tun muß.

Jan und Antje legen – wie die Besatzung – eine Schwimmweste an. An jeder Schwimmweste hängt eine Trillerpfeife. Wenn ein Mensch im Wasser schwimmt, dann ist er bei hohem Seegang oft nicht gut zu sehen. Wenn er pfeift, können ihn die Retter hören.

Eine Bootsbesatzung mit Schwimmwesten ist zum Manöver angetreten.

Das Boot wird zu Wasser gelassen. Jan steigt erst unten ein. Aber das ist auch ziemlich gefährlich, denn das Wasser im Hafen ist kabbelig, das Boot liegt nicht still, und der Sprung über den breiten Spalt Wasser erfordert Mut. Aber Jan schafft es.

Antje ist oben auf dem Anleger geblieben.

„Das ist eine Sache für Männer", hat der Kapitän gesagt, und das findet Antje auch.

„Das war toll!" erzählt Jan hinterher. „Und wenn ich groß bin, werde ich Seemann!"

„Ich vielleicht auch", meint Antje. „Aber ich werde dann natürlich Seefrau!"